MUÉSTRATE A LA ALTURA DE TUS AMBICIONES

Los secretos para hacer tus sueños realidad

Por Sophie Vercruysse

Traducido por Laura Soler Pinson

Coaching en50MINUTOS.es

¿El éxito puede llegar de repente, sin avisar?

¿Hay un límite de edad para alcanzar el éxito en mi vida profesional?

MUÉSTRATE A LA ALTURA DE TUS AMBICIONES

- **¿Problemática?** ¿Cómo transformo mis sueños en realidad para alcanzar la plenitud profesional y tomar las riendas de mi destino?
- **¿Utilidad?** La ambición es un motor, una fuerza que nos lleva a querer lo mejor para nuestro futuro, pero debemos saber por dónde empezar e implementar un plan de acción para materializar nuestros sueños.
- **¿Contexto?** Gestión de carrera, gestión, reciclaje profesional, creación de empresa, etc.
- **¿Preguntas frecuentes?**
  - ¿El éxito solo depende de uno mismo?
  - ¿Cómo me rodeo de gente adecuada para desarrollar mis posibilidades de éxito?
  - ¿Tengo que confiar en mi instinto para alcanzar el éxito?
  - ¿Puedo ser ambicioso y respetar a la vez valores como el altruismo, la empatía y la generosidad?
  - ¿Las personas ambiciosas están necesariamente seguras de sí mismas y no tienen complejos? ¿Cuál es el bagaje necesario para el éxito?
  - ¿Cómo hago para volver a levantarme y tener éxito tras uno o varios fracasos profesionales o privados?
  - ¿Cómo pueden desarrollar las mujeres sus ambiciones? ¿No se trata de un ámbito más bien masculino?
  - ¿Hace falta mucho dinero para alcanzar el éxito?
  - ¿El éxito puede llegar de repente, sin avisar?
  - ¿Hay un límite de edad para alcanzar el éxito en mi vida

<u>profesional?</u>

> «El éxito no es la clave de la felicidad. La felicidad es la clave del éxito. Si te gusta lo que haces, lo lograrás». Albert Schweitzer (humanista y premio Nobel de la Paz, 1875-1965).

Hoy en día, el éxito social y profesional se ha convertido en algo fundamental. Se trata de una manera de descubrirse a sí mismo y de darse a conocer a los demás.

Para llegar a materializar nuestros sueños, podemos inspirarnos de aquellos que los han logrado. Los medios de comunicación y las redes sociales rebosan de relatos apasionantes de personas valientes a las que parece que todo les sale bien. Como, por ejemplo, el caso de Olivier que, sin ninguna titulación, crea una empresa emergente en el ámbito de las nuevas tecnologías que no para de crecer. También escuchamos bonitas historias de reciclaje profesional: Cécile trabajaba en la publicidad y ahora lleva las riendas de su propio restaurante (Corinne 2015). Y, por supuesto, dentro de las empresas también asistimos a evoluciones que merecen todo nuestro respeto: ese compañero ha ido escalando todos los niveles de la empresa y, actualmente, ocupa un puesto de alto nivel.

¿Cómo han actuado para alcanzar su objetivo? ¿Cuál es su secreto? ¿La suerte, un destino favorable...? No, tenemos que asumir la verdad: aunque la suerte puede resultar útil, no tiene demasiado que ver con el éxito a largo plazo. En ese caso, ¿cómo llegamos a desarrollar esta trayectoria ejemplar? ¿Cómo nos convertimos en actores con un papel importante en la consecución de nuestros sueños? ¿Cómo materializamos nuestras ambiciones y tomamos las riendas de nuestro destino?

Existe una correlación innegable entre la ambición y el éxito. En líneas generales, la primera se presenta como la actitud, el ingrediente indispensable para el segundo. Pero el éxito también es una cuestión de valentía y de oportunidades, o más bien de creación de oportunidades. Nunca llega por casualidad. Aunque primero hay que soñar con él —aquí es donde aparece la ambición—, a continuación habrá que pensarlo, elaborarlo y construirlo. Para ello, existen técnicas que permiten dejar claros los objetivos que nos hemos fijado y progresar paso a paso.

Por otra parte, aunque debemos implementar un plan de acción, es necesario que sigamos nuestra intuición: a menudo, esa pequeña voz interior es reveladora. Nos habla de nuestras aspiraciones profundas, de lo que nos hace vibrar y hace referencia a nuestros valores. En efecto, no sirve de nada fijarse un objetivo exagerado si no encaja realmente con nosotros.

Si deseas que tu proyecto cobre vida, si quieres materializar al fin tu sueño y descubrir tus aspiraciones profundas, esta obra está hecha a tu medida. Con ayuda de algunas claves útiles para movilizar tus recursos, te ayudará a despejar incógnitas y a elaborar una o varias estrategias para alcanzar el éxito.

EL ABECÉ DEL AMBICIOSO FELIZ

DEFINICIÓN DEL CONCEPTO «AMBICIÓN»

Etimológicamente, ambición viene de la palabra latina *ambitio*, que significa «ir alrededor», «girar alrededor» (*amb*: alrededor e *ire*: ir), «rodear», «aspirar a la aprobación». Según la definición del DRAE, ambición significa «deseo ardiente de conseguir algo, especialmente poder, riquezas, dignidades o fama», «cosa que se desea con vehemencia».

Una palabra con doble sentido

No obstante, este vocablo, muy empleado en el lenguaje común, es un término bastante ambivalente que engloba varias nociones. La palabra «ambición» puede tener una connotación negativa, ya que a veces se percibe como lo opuesto a la humildad y a la modestia. Con esta acepción, la ambición se asemeja más bien al arribismo pretencioso.

En su obra *L'ambition ou l'épopée de soi*, el filósofo Vincent Cespedes cita al historiador francés Jules Lacroix de Marlès para definir la noción de ambición. Según este autor del siglo XIX, «debemos distinguir en la ambición dos naturalezas. Una elevada, generosa, casi magnánima. Otra sombría, celosa, inquieta, mezquina y muy poco delicada en la elección de los instrumentos que utiliza»[1]. Vincent Cespedes concluye: «Dos naturalezas para dos ejes morales: el bien y el mal. En nuestra época nihilista y tan poco altruista, ¿faltaría

---

1. Cita traducida por 50Minutos.es

por redescubrir la ambición del Bien?»[2] (Cespedes 2013, 16).

Hacia la ambición creadora

Ese punto de vista filosófico y moral es importante para definir mejor el marco en el que se inscribe este libro. Aquí hablaremos precisamente de esa ambición positiva y altruista, de esa fuerza que crea energía, que produce sueños y audacia, y que desarrolla la realización tanto personal como colectiva. El filósofo francés Michel Onfray (nacido en 1959) también contribuye a la rehabilitación del término. Según él, «la ambición es el deseo legítimo de alcanzar nuestros objetivos en una realidad en la que se respetan las reglas»[3] (Jacob y Auroux 1990, 68).

Así, te proponemos que trabajes basándote en esta visión positiva y libre de sus adornos egocéntricos. Toma una hoja, un lápiz, una goma y pósits e instálate cómodamente en un lugar tranquilo y agradable.

DEJA PASO A TUS SUEÑOS

Esta primera etapa consiste en dejar correr la imaginación para responder a la siguiente pregunta: ¿qué sueñas con hacer en o con tu vida?

Pasión y optimismo

Escoge un momento en el que te sientas bien para responder a esta pregunta, ya que tienes que pensar en lo que

---

2. Cita traducida por 50Minutos.es
3. Cita traducida por 50Minutos.es

realmente quieres. En efecto, la respuesta no debe ser una huida inconsciente de una situación actual que ya no deseamos. La capacidad para orientarse hacia lo positivo resulta fundamental en este punto, aunque también lo será a lo largo de todo el proceso. Cultivar las emociones positivas permite que nos mantengamos centrados en nuestro objetivo, mientras que las emociones negativas, como la ansiedad, el miedo, la duda, la culpabilidad, el desánimo o la impotencia tendrán un efecto paralizante, destructor y devorador de energía.

En esta etapa, el único límite que debemos respetar es el de pensar en actividades que pueden hacernos felices. De hecho, debemos amar a toda costa los objetivos que nos fijamos, puesto que esto generará la motivación necesaria para perseguirlos. Por eso, ¡permítete soñar y entusiásmate!

En sintonía

No dudes en elaborar columnas para distinguir tus objetivos profesionales de los que te resultan más personales, como aspectos de tu carácter que deseas desarrollar. Aprovecha para añadir aspectos más privados ligados a tu vida familiar, a tu pareja y a tus momentos de ocio. En efecto, vida profesional y vida privada forman parte de un mismo conjunto y tendrás que conciliar todos estos elementos para lograr un conjunto armonioso.

Pistas de reflexión

Pistas para reflexionar

¿Cuál sería el trabajo de mis sueños?	Abrir un restaurante gastronómico
¿Dónde sueño con trabajar?	En la Costa Azul
¿Cuáles son mis expectativas en la vida privada (pareja, niños, amigos)?	• Vivir en pareja y tener hijos • Conocer a gente nueva
De todas mis pasiones, ¿qué cosas me gustaría materializar?	• Descubrir Argentina • Escribir un libro • Saltar en paracaídas
¿Qué talentos y aptitudes me gustaría desarrollar?	• Inscribirme en clases de fotografía • Aprender francés

Enunciar claramente tus objetivos los convierte en reales. Convertirlos en palabras es la etapa inicial para concretizar un sueño, ya que esto los transforma en objetivos tangibles. Al verbalizarlos, cambias el estatus de tu sueño, que pasa de la abstracción a la realidad.

ESPECIFICA TUS OBJETIVOS

Una vez que hayas terminado este ejercicio, concéntrate en tu(s) objetivo(s) profesional(es). Podrás analizar el resto de tus metas más adelante.

Autenticidad

Observa la situación con un poco de perspectiva y pregúntate si tu objetivo es realmente personal. Se trata de establecer la diferencia entre una bonita idea tentadora y un objetivo en el que pensamos constantemente, que nos tortura y sin el cual no podemos imaginarnos nuestro futuro. Si es algo en lo que pensamos todo el día, realmente valdrá la pena aferrarse a ello y hacer todo lo posible para materializarlo. Un ejercicio eficaz para saber si nos estamos fijando los objetivos correctos consiste en proyectarse en el futuro y en percibir nuestras emociones cuando imaginamos que hemos alcanzado la meta.

Dos métodos de análisis

El método SMART(E) y el análisis DAFO ofrecerán enfoques específicos y muy esclarecedores para dejar claro el objetivo fijado y el marco en el que se inscribe.

- El método SMART(E) se utiliza con frecuencia en gestión de proyectos y en el marco del desarrollo personal. Permite definir claramente un objetivo para que este pueda ser alcanzado. Un objetivo se considera SMART(E) cuando es:
  - Específico (**S**pecific en inglés), es decir, que debemos enunciar con precisión nuestro objetivo y adaptarlo al contexto personal;

Preguntas	Ejemplo
¿Qué hay que hacer?	Encontrar un trabajo de diseñador de páginas web
¿Por qué es importante llevarlo a cabo?	Para ganarme la vida y realizarme plenamente a nivel profesional
¿Dónde debe/puede llevarse a cabo?	En el sector no lucrativo
¿Quién lo va a llevar a cabo?	Yo
¿Cuándo debe alcanzarse el objetivo?	Lo más rápido posible, pero me doy tres meses para lograrlo
¿Cómo lograrlo?	Presentando mi candidatura, incrementando el contacto con los posibles empleadores, yendo a acontecimientos donde podría entrar en contacto con ellos

- ◦ **M**edible, es decir, que debe ser cuantificable. Para ello, debemos especificar los indicadores pertinentes que nos ayudarán a identificar si se ha alcanzado el objetivo. Esto también te permitirá fijar objetivos intermediarios;

Preguntas	Ejemplo
¿Qué acciones medibles puedo llevar a cabo?	• Responder a cinco anuncios por semana • Enviar cinco candidaturas espontáneas por semana (búsqueda de personas de contacto, llamadas, información sobre las empresas, a través de LinkedIn, Facebook) • Inscribirme en LinkedIn y realizar dos publicaciones por semana • Hacer el seguimiento de las candidaturas en espera • Ir a un acontecimiento por semana donde pueda conocer a posibles empleadores • Mejorar mi nivel de inglés: cinco horas por semana

◦ **A**lcanzable en el marco temporal fijado;

Pregunta	Ejemplos
• ¿Se puede alcanzar el objetivo en el tiempo previsto? • ¿Cuento con los recursos necesarios para alcanzarlo? • ¿Entiendo correctamente los límites y las obligaciones? • ¿Alguien lo ha logrado antes que yo?	En teoría, no debería tener problemas para obtener un empleo de diseñador de páginas web antes de que se cumplan los tres meses. Tengo el título necesario y una breve experiencia significativa. Con la puesta al día de mi nivel de inglés, tendré todas las competencias exigidas. Me organizo para tener tiempo para presentar mi candidatura y para mantenerme activo en mis redes virtuales y físicas, mientras llevo a cabo actividades paralelas.

- **R**ealista, es decir, pertinente y directamente relacionado con la persona que debe implementarlo. Puede ser ambicioso, pero debe seguir siendo accesible y tendremos que preguntarnos si poseemos las capacidades, las competencias y los títulos necesarios para alcanzar el objetivo;
- **T**emporizado, es decir, acompañado de un plazo fijo, de un marco temporal, de un vencimiento. En efecto, si no delimitamos un plazo para nuestro objetivo, tenderemos a postergarlo y acabará extendiéndose en el tiempo o, incluso, jamás se materializará. También es posible o recomendable fijar plazos intermedios;
- Podríamos añadir en este punto la **É**tica, es decir, que esté de acuerdo con tus valores. Tienes que determinar cuáles son las motivaciones reales que te animan a actuar y comprobar que sean éticas y que se correspondan de verdad con tus valores.

- Para la segunda etapa y para analizar un objetivo en su

conjunto existe una herramienta excelente: el análisis DAFO. Este método permite analizar rápidamente el marco global en el que se encuentra tu objetivo. Este se compone de elementos internos relacionados con tu persona (fortalezas y debilidades) y externos, vinculados al entorno en el que se inscribe (oportunidades y amenazas). Cuando rellenes la tabla, tendrás que poner atención en jerarquizar los elementos clasificados de mayor a menor intensidad e indicar entre tres y cinco elementos como máximo que te permitan hacer una lectura clara de los resultados.

Ejemplo de DAFO de un diseñador de páginas web

Debilidades (D)	Fortalezas (F)
• Conocimientos pobres de francés • Habrá que subcontratar a un desarrollador para algunos aspectos informáticos • Poca experiencia	• Buen conocimiento de los lenguajes y de las herramientas web • Bilingüe: español e inglés (técnico) • Interés por las nuevas tecnologías
Amenazas (A)	Oportunidades (O)
• Competencia importante • Evolución muy rápida de la tecnología • Simplificación de las tareas: nuevas plataformas que permiten que las propias empresas creen su página web	• Sector en crecimiento • Nuevos mercados: comercio electrónico, aplicaciones • Desarrollo de los medios de comunicación sociales

ENTRA EN CONTACTO CON TU OBJETIVO

Tan pronto como sea posible, deberás conocer a gente que trabaje en el sector al que aspiras, visitar proyectos que se asemejen o preguntar a personas que sean competentes en la materia. ¡Sal de tu burbuja! Habla de tu proyecto con autenticidad, sin entrar demasiado en detalles.

Crea un discurso para tu proyecto

Pero antes de entrar en contacto, prepara tus entrevistas y redacta una pequeña presentación de unos segundos (de uno a dos minutos máximo) de tu proyecto o de ti. Puedes inspirarte en el *elevator pitch* (discurso del ascensor), del que presentamos un esquema de tantos:

- **Identificación**: «Hola, me llamo… Y mi proyecto se llama…»
- **Problema**: «¿Nunca te has dado cuenta de que…?» o pequeña historia (muy breve)
- **Meta**: «… está concebido para todos aquellos que…»
- **Servicio ofrecido**: «… y permite…»
- **Necesidades**: «Para lanzar… necesito…» (financiación, especialistas, etc.)
- **Recuerdo**: «Gracias por tu atención, te recuerdo el nombre de mi proyecto…»

Esta etapa te permitirá confrontar tu idea con la realidad, alimentar tu reflexión, reunirte con especialistas, con posibles empleadores o, incluso, con tus primeros clientes si tu objetivo es crear una empresa.

Quizás otros ya hayan tenido la misma idea antes que tú, o están pensando en ella, o consideran que tu plan resulta inspirador. Esto solo demostrará que estás en el buen camino. Así, no debes tener demasiado miedo, puesto que tú ya no te encuentras en la fase en la que es un sueño, como ellos. Estás poniendo todo de tu parte para alcanzar tu objetivo. Ya has dado un paso enorme. Una idea, por excelente que sea, no tiene valor por sí sola; marcarás la diferencia con tu personalidad y con la manera que elijas para llevarla a cabo. No obstante, si tu idea es verdaderamente innovadora, infórmate acerca de los recursos legales que te permitirán protegerla (patente, marca registrada, derechos de autor, etc.).

ZAMBÚLLETE EN EL AMBIENTE

Paséate por una tienda similar a la que quieres abrir. Siente el ambiente del restaurante de tus sueños y habla con el jefe. Cruza el umbral de la puerta de la empresa donde deseas presentar tu candidatura. Conversa con personas que ejercen la profesión con la que sueñas. ¿Cómo te sientes? ¿Encaja contigo? ¿Qué harías de otra manera? Esta inmersión te aportará una cantidad de indicaciones valiosas y, además de enfrentarte a la realidad, te permitirá entablar tus primeros contactos profesionales.

Desarrolla tu red

En la era de internet y de las redes sociales, es fácil mantener el contacto con un número elevado de personas, incluidas aquellas a las que nos habría costado llegar antes.

La red se compone a la vez de personas cercanas (familia, vecinos, amigos, antiguos compañeros) y de gente vinculada a nuestro campo de actividad, como expertos, periodistas o políticos. No dudes en aprovechar cualquier ocasión para ampliar tu círculo de conocidos. Cualquier circunstancia puede llevarte a conocer a personas nuevas y las redes sociales te permiten prolongar y mantener el contacto.

Es interesante contar con una red porque puede ayudarte a ahorrar tiempo en muchos aspectos: puesta en contacto, información, estímulos, apertura hacia nuevos horizontes, etc. Funcionan basándose en el modelo de la solidaridad y del intercambio. Por lo tanto, piensa en qué podrías aportar a estas personas y no olvides dar las gracias a aquellos que te han ayudado.

CREE EN TI MISMO

El análisis DAFO te permitirá señalar las grandes competencias que tienes para llevar a cabo tu proyecto, así como los elementos contextuales que resultan favorables al mismo. Ahora, enuncia todos tus otros puntos positivos y cree en tu capacidad para poder desplegarlos en el momento oportuno.

Aliméntate de tus éxitos

Un buen ejercicio para creer en ti es recordar los grandes desafíos que has asumido: aquel examen difícil que aprobaste, aquel proyecto personal que terminaste con éxito, aquellas situaciones en las que te mostraste valiente, etc. Recordar la voluntad, la perseverancia y la motivación que demostraste te servirá de motor para afrontar nuevas pruebas y superarte de nuevo.

Rodéate de gente adecuada

Escucha los consejos pertinentes y constructivos que te permitirán tomar una buena orientación, pero desoye la información negativa. Aléjate de los medios de comunicación que propagan el miedo y de los interlocutores que se muestran derrotistas y negativos. Es más que probable que te estén hablando de sus miedos personales y de su propia incapacidad para creer en ellos mismos. Protégete y, en caso de que lo necesites, busca a una persona que pueda convertirse en tu *coach* para mantener el rumbo.

ELABORA UN PLAN DE ACCIÓN

Identifica los recursos necesarios

El análisis DAFO habrá mostrado ciertas capacidades o competencias que fallan, así como elementos externos menos favorables para tu proyecto. ¡Que eso no se convierta en un impedimento! Tendrás que encontrar la información que falte, seguir formaciones e identificar a los profesionales o a los organismos que te aportarán las claves que no poseas. Así, elabora la lista de las tareas, los recursos, las formaciones, la información y las lecturas, y de todos los profesionales que necesitarás para llevar a buen puerto tu proyecto.

Fíjate plazos

Habrá que cuantificar el tiempo necesario para alcanzar tu objetivo y fijar etapas intermediarias para su consecución. Cada etapa deberá enunciarse siguiendo el modelo SMART(E).

Pon los elementos sobre la mesa y elabora tu plan de acción. Fíjate plazos precisos y cúmplelos, ya que la vida diaria en seguida te atrapará y te alejará de tus objetivos si no tienes cuidado.

Qué	Cómo	Con (quién)	Para cuándo	Hecho (tachar)

Establece un presupuesto

Tras esta precisión, te resultará más cómodo definir los recursos que necesitas. Piensa en cada aspecto de la cuestión, ya que tendrás que elaborar un presupuesto preciso. ¿Cuánto cuesta la formación? ¿Qué inversiones serán inevitables para implementar mi proyecto? ¿Preveo una mudanza? ¿Tengo que establecer un plan de financiación? ¿Con qué remuneración puedo vivir?

PASA A LA ACCIÓN EN CUANTO SEA POSIBLE

No esperes a haber atravesado todas las etapas antes de iniciar tu prospección, probar tus productos, proponer tus servicios. ¿Todavía no has terminado tu formación? No pasa nada, infórmate acerca de los empleadores que te permitirán presentar tu candidatura. Reúnete con ellos. Proponles unas prácticas en su empresa. ¿Deseas iniciar tu actividad? No esperes a crear tu página web, empieza a hablar de ello en las redes sociales. Vende desde ya mismo. Tus primeros clientes te aportarán una gran cantidad de información valiosa sobre el perfil de tu clientela, sus necesidades, su funcionamiento y la manera de llegar a ella.

Sal de tu zona de confort y piensa en todo lo que puedes implementar a partir de hoy.

NO ABANDONES JAMÁS, INCLUSO DESPUÉS DE UN FRACASO

Motivación, pasión y perseverancia serán los motores fundamentales para avanzar. Felicítate por cada etapa atravesada, por cada éxito, siempre cuidándote y mostrándote condescendiente contigo mismo. Cada día, elabora un pequeño balance con todo lo que has hecho durante la jornada y destaca los puntos positivos.

Cuando inicies tu jornada, empieza por trabajar en una tarea fundamental para tu proyecto, incluso si es solo durante diez minutos. Algunos preferirán cumplir en primer lugar con lo que les aburre más para evitar la procrastinación. Otros, por el contrario, querrán empezar la jornada con una tarea que les guste para, a continuación, lanzarse con más energía a actividades repetitivas. Independientemente del método que te motive, lo importante es trabajar un poco cada día en las tareas que tienen un fuerte valor añadido. Este reflejo te permitirá avanzar a mayor velocidad y reorientar tus acciones más rápidamente si no han dado sus frutos.

Si sufres fracasos, no los percibas como tal. Saca conclusiones y conocimientos de estos trances. Te aportarán información para cambiar de enfoque y reorientar tus acciones.

Cuando alcances uno de tus objetivos, fíjate otro sin que se convierta en una obsesión. Tienes que aprender a renunciar y a desligarte de manera provisional de tu sueño. Esto te permitirá tomar un soplo de aire fresco para volver con más tranquilidad y mayor disponibilidad. Por otra parte, esto favorecerá la creatividad, que necesita libertad para ver la luz.

LOS MEJORES CONSEJOS

- Para que tus ambiciones se hagan realidad, tendrás que identificar, domesticar y superar tus miedos. Una buena manera de relativizarlos y de distanciarse de ellos es concentrarse en el «aquí y ahora». La meditación de plena conciencia es una herramienta excelente para lograrlo.
- Adopta una actitud positiva, puesto que lo que reflejas influirá en tu autopercepción y en cómo te ven los demás. Así, sonríe y oriéntate hacia las personas sonrientes y que te aprecian.
- No te olvides de cuidarte y, también de cultivar la condescendencia hacia ti mismo. Desconecta con regularidad de tu proyecto, despeja tu mente, haz deporte, pasa momentos de calidad en familia, queda con tus amigos. Estas actividades te relajarán y te permitirán mantener el rumbo.
- Utiliza las redes sociales adecuadas y no mezcles demasiado las esferas privada y profesional. No olvides configurar adecuadamente los parámetros de confidencialidad de tus perfiles para controlar la imagen que transmites en internet y presenta tus perfiles en función de tus campos de interés.
- Saca conclusiones de tus fracasos y cultiva una mirada condescendiente hacia ti mismo cuando se produzcan. No te quedes parado, herido frente a esta situación y no te desanimes. Intenta mirarla de frente, entenderla. Un fracaso puede convertirse en una guía, un trampolín hacia nuevas oportunidades.
- Piensa en las personas que pueden servirte de modelo

y toma su ejemplo. Intenta concertar una cita y hablar con ellas abiertamente. Podrás sacar provecho de su experiencia y de sus sabios consejos.

- Si te falta seguridad, debes saber que es posible aprender a reafirmarse a cualquier edad. Trabaja tu postura, la imagen que transmites, tu forma de tomar la palabra, de presentarte. Si lo necesitas, consulta a un especialista en la materia. Eventualmente, intenta encontrar un *coach* profesional que te ayudará a construir tu proyecto y a trabajar en tu autoconfianza.

- Aprende a aprovechar las oportunidades cuando se presentan. ¿Has escuchado que tal persona está buscando a alguien para completar su equipo? Propón tus servicios. No dudes en abordarla. Hazlo sin miedo. Como mucho, recibirás una negativa. Aprende a dejar tu ego aparcado y no atiendas a las miradas de los demás. Estas actitudes te llevarán hacia la libertad.

- Si tus objetivos son —o no— demasiado elevados, redefínelos durante el proyecto para no desmotivarte. Mantente atento a ti mismo y a tu situación, ya que esta puede cambiar de un día para otro. Por lo tanto, haz los ajustes rápidamente.

- ¡Sigue avanzando! Cada paso, incluso el más pequeño, te acercará a tu sueño. Por lo tanto, no pierdas demasiado tiempo con preguntas inútiles. Simplemente entra en acción, actúa, y verás que las oportunidades llegan más fácilmente.

PREGUNTAS FRECUENTES

¿EL ÉXITO SOLO DEPENDE DE UNO MISMO?

Muchos parámetros dependen fundamentalmente de nosotros mismos: la capacidad para aprovechar las oportunidades, la valentía, la voluntad, la creatividad, la aptitud para superar los fracasos, para autocuestionarnos, para reorientar nuestro proyecto, etc. No obstante, algunos factores no dependen de la voluntad del individuo: estado de salud, acontecimientos traumáticos, tipo de sociedad, edad, sexo, etc. Aunque siempre podemos esquivar las dificultades haciendo gala de creatividad, evidentemente no tenemos poder sobre todo y, por supuesto, los elementos externos pueden tener una incidencia que deberemos tomar en cuenta. Por lo tanto, nuestra capacidad para adaptarnos y para recuperarnos frente a las dificultades o al fracaso resultará fundamental.

¿CÓMO ME RODEO DE GENTE ADECUADA PARA DESARROLLAR MIS POSIBILIDADES DE ÉXITO?

Para llevar a cabo un proyecto con éxito, hay que salir de la burbuja. Lo ideal es unirse a un grupo de personas que se encuentren en la misma dinámica. La emulación colectiva permite dar un gran salto hacia adelante e intercambiar buenas prácticas, pero también confrontar nuestras ideas a las de los demás. Además, el desarrollo de nuestra red profesional también se convertirá en una de las bases importantes de nuestra actividad.

El *coach* profesional podrá aportar igualmente su sabio consejo sobre nuestro proyecto y orientar las decisiones que debemos tomar. En este caso, tal y como ocurre cuando debemos elegir a cualquier profesional (socio, contable, jurista, etc.), tendremos que asegurarnos de que es competente, pero también de encontrar a una persona de confianza con la que la comunicación fluya.

¿TENGO QUE CONFIAR EN MI INSTINTO PARA ALCANZAR EL ÉXITO?

Existe una tendencia a racionalizar que ha relegado progresivamente el instinto a un segundo plano. Este no se basa en ningún elemento tangible y, por esa razón, a menudo se le da poco crédito. Sin embargo, se trata de un sentido poderoso que puede convertirse en un muy buen indicador para quien sabe utilizarlo. En efecto, puede orientar las decisiones que debemos tomar. Tenemos que aprender a escuchar nuestra voz interior, ya que, a menudo, la primera solución en la que pensamos es la mejor. No obstante, siempre comprobaremos que entendemos bien la situación y tendremos cuidado de no confundir nuestros deseos con nuestras intuiciones.

¿PUEDO SER AMBICIOSO Y RESPETAR A LA VEZ VALORES COMO EL ALTRUISMO, LA EMPATÍA Y LA GENEROSIDAD?

La ambición tiene mala fama cuando se ve asociada a comportamientos individualistas (arribismo, egoísmo, falta de solidaridad o de empatía). Sin embargo, cuando está liderada por valores más nobles de autorrealización dentro de una comunidad, se transforma en el motor de grandes obras que pueden ser útiles para toda la humanidad. Por ejemplo, basta con pensar en los laureados con el Premio Nobel de la Paz: sus valores de humanismo y de altruismo han guiado su lucha hasta el final.

Así, la ambición noble y respetuosa con el otro puede mover montañas y llevar al ser humano a ofrecer la mejor versión de sí mismo. Escucha tus valores, ya que tienen el poder de transformar un sueño en realidad.

¿LAS PERSONAS AMBICIOSAS ESTÁN NECESARIAMENTE SEGURAS DE SÍ MISMAS Y NO TIENEN COMPLEJOS? ¿CUÁL ES EL BAGAJE NECESARIO PARA EL ÉXITO?

La seguridad es una baza, pero no es vital. Una persona tímida o reservada puede alcanzar el éxito sin problemas o llegar a donde desea. Se requieren muchas otras cualidades: la determinación, la perseverancia, la capacidad para aprovechar las ocasiones, la organización, la valentía, la resiliencia (capacidad para superar un golpe duro), la creatividad, el conocimiento del sector, la fiabilidad, la pasión, etc.

No obstante, el éxito de un proyecto puede ayudar a que una persona que al principio se mostraba reservada adquiera más seguridad en sí misma. El *coach* profesional, con sus orientaciones, le permitirá trabajar sobre esta noción de seguridad, mostrándole todos los desafíos que ha sido capaz de asumir y animándola a felicitarse.

¿CÓMO HAGO PARA VOLVER A LEVANTARME Y TENER ÉXITO TRAS UNO O VARIOS FRACASOS PROFESIONALES O PRIVADOS?

A veces, es difícil sacar la cabeza del agujero después de un fracaso. Si se trata de algo muy hiriente, algunas personas reaccionan echándose la culpa, otras caen en la negación y algunas actúan de manera agresiva. Todas estas actitudes constituyen una forma de huir del problema y de no mirarlo a los ojos.

Al afrontar nuestras responsabilidades y al sacar conclusiones de nuestros errores y de nuestros fracasos, estamos aprendiendo sobre nosotros mismos, sobre los demás y, también, sobre los medios que debemos implementar para superar la situación. Desarrollar esta facultad de resiliencia nos permite ganar tiempo, pero también lucidez para cambiar la perspectiva.

Por ejemplo, piensa en el empresario estadounidense Henry Ford (1863-1947), que fracasó cinco veces antes de lanzar su empresa automovilística. Consideraba que «fracasar es tener la oportunidad de volver a empezar de una manera más inteligente». ¡Una bonita lección de perseverancia!

¿CÓMO PUEDEN DESARROLLAR LAS MUJERES SUS AMBICIONES? ¿NO SE TRATA DE UN ÁMBITO MÁS BIEN MASCULINO?

Hoy en día, la mayor parte de las mujeres aspiran a encontrar un empleo con el que se sientan realizadas y desean convertirse en protagonistas de su vida. Aunque persisten los estereotipos y la brecha entre sexos, y a pesar de que las mujeres todavía no están lo suficientemente representadas en ciertos puestos de responsabilidad y de poder, la causa femenina ha experimentado grandes avances.

El gran reto femenino actual tiene como meta la conciliación de la vida privada y profesional, sin sacrificar una parte en perjuicio de la otra. Así, se ha producido un giro y, poco a poco, las mujeres se convierten en las dueñas de su destino y de los ámbitos de competencia que, antiguamente, estaban reservados solo a los hombres.

¿HACE FALTA MUCHO DINERO PARA ALCANZAR EL ÉXITO?

Si queremos que nuestra trayectoria profesional evolucione siendo asalariados, no es necesario desembolsar dinero. Por el contrario, difícilmente podremos esquivar este aspecto si somos emprendedores. No obstante, tampoco significa que haya que disponer de cantidades enormes; por lo general, para empezar, unos miles de euros de fondos propios bastan. Esta inversión financiera personal demostrará que estás dispuesto a arriesgar tu dinero para llevar a cabo tu proyecto. Para el resto, puedes recurrir a créditos de instituciones financieras.

Así, la clave consiste en estudiar en detalle el plan de financiación, nuestras necesidades personales, nuestro umbral de rentabilidad, etc. En resumen, tendremos que elaborar proyecciones realistas y un plan de negocios tremendamente sólido.

¿EL ÉXITO PUEDE LLEGAR DE REPENTE, SIN AVISAR?

El éxito rara vez llega solo. Son las condiciones que habremos creado las que lo propiciarán. Por lo tanto, en líneas generales, el azar o la suerte no tienen mucho que ver con el éxito a largo plazo. No obstante, si se divisan elementos favorables, no hay que dudar en cogerlos al vuelo.

¿HAY UN LÍMITE DE EDAD PARA ALCANZAR EL ÉXITO EN MI VIDA PROFESIONAL?

Podemos llevar a cabo grandes cosas a cualquier edad. No hay ningún límite para ello, salvo el freno que nos ponemos, la forma en la que nos vemos. Mientras dispongamos de la suficiente determinación y de un buen estado de salud, siempre podremos decidir reciclarnos en un nuevo ámbito, seguir nuestra pasión, vivir aquello con lo que siempre hemos soñado.

¡AHORA ES TU TURNO!

Ahora ya cuentas con muchas herramientas para iniciar tu reflexión y avanzar poco a poco. Recuerda tu objetivo final (tu sueño), ya que él te dará la fuerza y la motivación necesarias para continuar si recibes algún duro golpe. Si lo necesitas, elabora una pequeña tabla de visualización positiva para proyectarte en tu futuro ideal compuesta por imágenes, fotos y símbolos que representan lo que quieres.

Por supuesto, durante la travesía surgirán obstáculos, pero felicítate o celebra con tu entorno cada pequeña victoria obtenida.

La tabla recapitulativa que presentamos a continuación te servirá de guía. Pégala en algún lugar para tener una visión de conjunto y determinar dónde te sitúas en el proceso.

Para acabar, no olvides cambiar de aires, despejarte, hacer deporte. La creatividad llega cuando soltamos amarras, cuando nos situamos a un lado, cuando tomamos distancia. Por lo tanto, no sientas remordimientos si no dedicas tus esfuerzos a tu proyecto en cada momento. Así es mucho mejor, ya que avanzarás más rápido.

<table>
<tr><td>

Soñar

</td></tr>
<tr><td>

- Pasión
- Motivación
- Entusiasmo
- Armonía
- Valores
- Emociones positivas

</td></tr>
</table>

↓

<table>
<tr><td>

Definir objetivos

</td></tr>
<tr><td>

- SMARTE: eSpecífico, Medible, Accesible, Realista, Temporizador, Ético
- Autenticidad
- Análisis DAFO: conocimiento de nosotros mismos y de nuestro entorno

</td></tr>
</table>

↓

<table>
<tr><td>

Salir de nuestra burbuja

</td></tr>
<tr><td>

- Hablar de nuestro proyecto
- Redactar un discurso
- Enfrentarnos a la realidad
- Desarrollar nuestra red
- Ser solidarios
- Intercambiar
- Compartir
- Mostrar gratitud

</td></tr>
</table>

↓

<table>
<tr><td>

Creer en nosotros mismos

</td></tr>
<tr><td>

- Valorar nuestras competencias
- Alimentarnos de nuestros éxitos
- Mostrarnos orgullosos de nuestra audacia
- Felicitarnos
- Rodearnos de gente adecuada
- Alejarnos de personas negativas y de información ansiogénica

</td></tr>
</table>

Elaborar un plan de acción
• Identificar los recursos necesarios • Fijarnos plazos • Presupuestar

Pasar a la acción
• Probar nuestros servicios o nuestros productos • Lanzarnos sin esperar • Ser proactivos • Salir de nuestra zona de confort

No tirar nunca la toalla
• Motores: motivación, pasión • Felicitarnos • Ser condescendientes con nosotros mismos • Evitar la procrastinación • Transformar nuestros fracasos en experiencias • Soltar amarras • Respirar • Cambiar de aires

PARA IR MÁS ALLÁ

FUENTES BIBLIOGRÁFICAS

- Bérubé, Marie y Marc Vachon. 2010. *Oser changer. Mettre le cap sur ses rêves*. s. l.: OSERChanger.
- Cespedes, Vincent. 2013. *L'ambition ou l'épopée de soi*. París: Flammarion.
- Cintrat, Frédérique. 2014. *Comment l'ambition vient aux filles? Des histoires vivifiantes. 15 trucs et astuces pour réaliser ses ambitions*. París: Eyrolles.
- Filliozat, Isabelle. 2015. *Petit cahier d'exercices pour se relever d'un échec*. Chêne-Bourg: Jouvence.
- Jacob, André y Sylvain Auroux. 1990. *Encyclopédie philosophique universelle Tome II: Les Notions philosophiques*, vol. I París: PUF.
- Laurent, Philippe. 2013. "L'ambition n'est pas une volonté de puissance, mais la réalisation de soi". *L'Express L'Emploi*. 20 de noviembre. Consultado el 6 de abril de 2017. http://www.lexpress.fr/emploi/gestion-carriere/l-ambition-n-est-pas-une-volonte-de-puissance-mais-de-realisation-de-soi_1301058.html
- Losier, Alain. 2009. *Comment donner vie à ses rêves. Votre chemin d'abondance*. París: InterÉditions.
- Martin-Rozès, Corinne. 2015. "Cécile, chef cuisinier". *Les Nouveaux Audacieux*. 22 de diciembre. Consultado el 6 de abril de 2017. https://lesnouveauxaudacieux.com/2015/12/22/reconversion-cuisinier-cecilehat-chuel-chef-publicite-lamangette/
- Robbins, Anthony. 2010. *Les onze lois de la réussite. De la part d'un ami*. París: J'ai lu.

- Tonnelé, Arnaud. 2015. *65 outils pour accompagner le changement individuel et collectif.* París: Eyrolles.

FUENTES COMPLEMENTARIAS

- Página web de Femmes actives en réseau. http://www.reseau-far.be/
- Página web de Máximo potencial. https://maximopotencial.com/el-xito-no-es-la-clave-de-la-felicidad-la-felicidad-es-la-clave-del-xito-si-te-gusta-lo-que-haces-lo-logrars-albert-schweitzer/